# 꿈꾸는 강

• 월더니스 시선집 112

# 꿈꾸는 강

김시왕 시집

도서출판 동인

## 머리말

팔순의 나이에 세 번째 시집을 낸다.
나의 시는 삶을 투명하게 드러내는 영혼의 고백이며
한평생 살아온 발자취를 발가벗긴 육신의 진실이다.
세월이 지나도 시들지 않는 시를 쓰려고 혼신을 다했지만
막상 마무리하고 보니 부족한 면이 많은 듯하다.
시어의 선택, 시의 구조, 선명한 이미지 등 작품 내용이
높은 수준에 이르지 못한 것 같다.
밤이 늦도록 시를 쓰느라 잠을 못 이루는 날도 많고
고통은 있었지만 그동안 너무 행복했다.
이번 세 번째 시집에는 지난날 미국을 비롯한
세계 여러 나라를 여행하면서 얻은
素材를 바탕으로 시를 써 보았다.
젊은 날의 나의 초상이라고 해도 무방한
열정과 사랑으로 들끓었던 시절을 반추하여 보았다.
시인으로서 고향은 항상 마음의 안식처이고 낙원이다.
시집의 제목을 '꿈꾸는 강'이라고 정한 것도
그만큼 유소년 시절에 뛰어놀았던 고향의 이미지가
나의 뇌리에서 지워지지 않고 살아있기 때문이다.
앞으로 좋은 시를 위해 더욱 정진할 것을 약속드린다.
이번 시집이 나오도록 도와준 가족들과
지도해주신 대진대학교 박정근 교수에게 감사를 드린다.

2017년 6월 24일
김 시 왕

차 례

## 제1장 통일 염원

6.25 기억 13
汽笛 15
해방 직후 17
대구 대봉동 우리집 19
실종 통지서 21
달은 千江을 비추고 23
통일 염원 25
逆境 26
통일 소원 27

## 제2장 태양의 旅路

'73년 除夜 31
발리 섬 구타비치 33
자유의 여신상 35
태양의 旅路 37
탱고 38
하회탈춤 39
포토맥 강 벚꽃 40

## 제3장 꿈꾸는 강


꿈꾸는 강 43
고향 45
고향길 46
귀향 47
꿈결에 48
내 고향 두메산골 49
사발무지 51
仙刹 52
성묘 53
수박 서리 55
예천 회룡포 56
臥龍草堂 57
임하댐 59
장밋빛 인생 60


## 제4장 꽃과 별의 사랑


미혜는 파랑새 63
가을 남자 64
꽃과 별의 사랑 65
사랑 67
누님을 애도합니다 68
내 손이 약손이야 69
툼스톤Tombstone 70
감자 71
곰보 冊床 72
고인이 된 시인에게 73

## 제5장 항아리


고독 77
고독한 만남 78
방랑 80
바둑 81
우리집 앞 시계탑 83
죄와 벌 85
周易 86
항아리 87


## 제6장 허수아비


꽃 파는 어인 91
허수아비 93
老子 94
산은 날 보고 95
엄마와 아기 97
위대한 공존 99
인생 101
전세방 103


## 제7장 들풀


난 107
들풀 108
상사화 109
양귀비 110
풀꽃 111
관악산이 보이는 집 113

## 제8장 노인과 시 창작

노인과 시 창작 117
두보와 대화를 한다 118
詩 創作 119
미래를 꿈꾼다 120
은하수 강물에 시를 띄우며 122
일생 123
책거리 124
青春 謳歌 125

김시왕 시인 세 번째 시집에 대한 시평
• 박정근 127

# 제1장 통일 염원

# 6.25 기억

내일 아침 동아일보
내일 아침 매일신문
홰나무 네거리를 지나가는
신문팔이 소년의 배고픈 외침

겨드랑이에 신문 뭉치를 둘러메고
사람들 모여 있는 곳을 찾아
거리를 달리는 아이들
그걸 팔아 배를 채워야 하는구나

1.4 후퇴 때 부모를 잃고
삼팔선을 넘어 도보로
대구까지 온 아이들
오후 내내 외치고 다닌다

6.25는 몇 사람의 잘못 생각으로
동족상잔의 비극이 되어
천만 이산가족을 만들어
눈물의 강이 흘렀네

아직도 같은 민족끼리
어설픈 이념으로 갈려서
70년 동안이나 남북통일을 못 하니
우리는 독일 민족보다 머리가 나쁜가

# 汽笛

안동 낙동강 강변에는
중앙선 열차가 기적 소리 울리며
서울로 먼 길을 떠나간다

고모님 가족은 농사짓다가
보릿고개 못 참아 봇짐 싸 들고
북간도로 간다

몇 년 후 독립이 되자
가족은 해방 열차 타고
기적 울리면서
태극기 흔들고 귀향하였네

굶주림은 끝이 없어
고모부 부자는 유랑객이 되어
기적 소리 울리며
또다시 서울로 간다

6.25가 터져
인민군에 붙잡혀
60년간 소식이 없어

고모님은 두 딸을 데리고
피나는 고생만 하시다가
눈을 감지 못하고 돌아가셨다

훗날 고향에 계신 고모님 산소에는
뻐꾹새 울음 소리 그치지 않고
한 많은 기적 소리만 슬피 울리네

## 해방 직후

엄마는 동무들과 진도리 하러
나가는 나를 말린다
숙제하고 난 뒤 놀라고

엄마를 뿌리치고
나는 철망을 헤치고
학교 운동장으로 뛰어들어간다

햇볕 뜨거운 일요일 오후
텅텅 빈 운동장에
벚꽃이 훨훨 날아다닌다

디디티를 팬티 속에
런닝 속에 뿌리면서
"신라의 달밤" 유행가를
곧장 부르고 다닌다

형님은 이데올로기 문제로 몰려
담벼락에 달싹 붙어, 이리저리
눈치 보며 학교에서 집으로 오는데

나는 형님을 안내하고
어머니는 남몰래
재빨리 문을 열어준다

## 대구 대봉동 우리집

어릴 적 우리집은
조그마한 방 두 개
눈곱만 한 마루
손바닥만 한 마당

나는 이 집에서 나서
바다 구경 한 번 못하고
중고등학교를 다녔다

내가 여섯 살 때, 손톱만 한 마당에서
갑자생 큰 누나가 열아홉에
족두리 쓰고 시집가시고

왜정 말기에는
공습 사이렌으로
쥐구멍만 한 땅굴 파놓고
들락거리는 척하고

해방 직후에는
좌우익 난리에

삼촌들 안동에서
피난 와 모여 살고

6.25 때는 일가친척들
좁은 집에 와서 들끓었으며
어수선한 세월 속에
어머님 찌들게 고생하시던
우리 가족 삶의 터전

내 어찌 그 옛날
어릴 적 추억을 잊겠는가
대구시 대봉동 71번지

# 실종 통지서

1951년 5월 20일
9사단 K 중대장으로부터
실종 통지서가 왔다

"강원도 평창군
운두령 지구 전투에서
김철환 일병은
실종되었음을 통지함"

미망인 숙모님은
배태도 하지 못하고
66년 잃어버린 세월 동안
혼이 빠져 벌건 눈으로
허공만 바라보는데

실종 통지서를 품고
들풀처럼 살아가는 당신
지쳐버린 한평생 너무나 서러워

멀리 국군묘지에서는
진혼곡이 울려 퍼지는데

저 세상 가시거든
아저씨 만나 회포를 푸세요

## 달은 千江을 비추고

우리나라는 말이 있어도
글자가 없어
고유문화가 생성되지 않으니
암흑 속을 헤맨다

세종대왕께서
눈먼 백성을 위하여
한글을 창제하시니
나라 독립의 원동력이 되었네

근대 문학이 싹 트고
자유시가 번창하니
세계에 유례가 없는
문화를 꽃피웠네

대왕께서 지으신
月印千江之曲은
소리글자로 表記하시어
한글의 원천이 되었네

태양은 온 나라를 밝게 하고
달은 온 세상 강물을 비추니
대왕의 자비가
온 누리에 내리네

# 통일 염원

백두산에서
뿜어 나오는
저 줄기찬 용암

태백산맥을 지나
무등산으로 흘러내려
민족의 혼 넘쳐나고

한라산 백록담에서 분출하여
온몸으로 부르짖는
겨레의 함성이여

저 찬란한 태양은
영원히 불꽃을 토해내어
조국의 산하를 비추고 있는데

신이여, 당신께 간구합니다
가여운 생령들
통일이 염원입니다

# 逆境

위에는 물, 아래에는 천둥
신변에 어떤 위험이
다가오고 있다

홍수가 밀려오면
나무가 괴로움을 당한다

군자는 어려움을 극복하기 위하여
백성들 교화하기에 힘써야 하는데

지나치게 무거운 책임을 짊어지고
일에 쫓겨, 겹친 괴로움에 파묻히니
건강도 심각하게 좋지 않네

한눈팔지 말고
역경을 헤치고 나아가면
전화위복이 된다

周易, 水雷屯卦, 4大 難卦

# 통일 소원

소 떼 몰고
휴전선을 넘던 시절

임진강 건너편에
두고 온 부모 형제

피맺힌 세월
그 님은 가고

두고 온 천 한 마리 황소 울음
너무너무 애처로워

임진강은 그리움만 넘치고
노을 진 물굽이가 눈물겹구나

# 제2장 태양의 旅路

# '73년 除夜

뉴욕 해외 연수 가는 길
LA 지하 무도장에서
노란 샤스 아가씨
시원한 맥주 앞에 놓고
나를 사랑해주네

미국 초행길에 흥이 넘치고
除夜를 뒤흔드는 파티 속에서
내 마음을 불태우며
펄럭이는 깃발은 나를 환영하네

북극성은 신의 瞳子처럼 반짝이고
별 하나 태평양으로 떨어지니
아득히 고향 생각 간절한데
꿈속에서 본 여인은 내 아내였구나

한 가닥 바람 소리 하늘에 가득
사랑하는 아이들 가슴에 가득
한 줄기 소망을 잉태하여
훤한 아침으로 퍼져나가라

세월아, 너와 함께 나도 떠나리라
눈물 나는 抒情을 안고
기러기처럼 떠돌아다닌다
내일은 시카고, 모레는 뉴욕

# 발리 섬 구타비치

키만큼 높은 파도는
끝없이 밀려오면서
그 옛날 기나긴 전설
한없이 쏟아낸다

深海에서 소용돌이치던
바다의 절규
수만 리 찾아 왔네

수만 년 동안 끊임없이
밀려오는 저 흰 파도
오늘도 이방인이 남기고 간
순간을 점 찍고 있다

호주, 퍼-스에서 온 젊은 연인들
문명이 싫다는 듯
웃통 벗고 키스하며
사랑을 만끽한다

사람들은 해변가 백사장에서
오일 마사지하고

원주민과 함께 카누를 타면서
카니발을 즐긴다

해는 하늘을 불태우며
수평선을 넘어가는데
두고 온 내 아내
바다에서 떠오른다

1984년 5월

# 자유의 여신상

찬란한 햇살이 비치는 자유의 여신상
그녀의 몸속에 있는 난간을 타고 올라
여신의 눈망울을 통해서
멀리 대서양을 바라본다

전쟁으로 가족과 형제를 잃고
의지할 곳 없는 사람들이여
자유를 갈망하는 그대들이어
모두 나에게 오라
허드슨 강 입구에서 횃불을 들리라

가난과 독재 정권에서
고통받는 사람들
절망 속에서 살아가는 사람들에게
희망의 메시지를 주는
민주주의의 상징

유럽의 이민자들은
여신의 안내를 받아
자유롭게 뉴욕으로 들어온다

꿈의 대륙으로 들어와
신천지를 활짝 연다

1974년 2월

## 태양의 旅路

새벽의 태양을 가슴에 안고
로마를 출발하여
지중해 연안 하이웨이를 올라타서

나포리까지 갔다가
저녁에 석양을 바라보며
로마로 돌아오는 길, 태양의 여로

황금빛이 파도치는 들판에
올리브 향기는 바람에 날리고
에메랄드빛 지중해 물결 위에

꿈꾸는 로마제국
폼페이는 향락의 도시
너무 사치해

태양은 지중해의 주인
하루 종일 허공에서
불타고 있네

## 탱고

젊음의 춤
자유의 춤
사랑의 전율
신의 율동

탱고는 남녀 애환의 댄스
격동적인 포옹
내 가슴을 뒤흔든다

내 몸을
당신에게 맡기겠어요

그러나
사랑은 허무한 것
나의 인생, 일찍 식어요

# 하회탈춤

얼굴에 탈을 쓰고
허리에는 광목을 두르고
미치광이처럼 히히거린다

양반집 마당에서
상놈들이 양반들을 비웃으며
바보같이 춤을 춘다

늴리리 소리에 맞추어
손을 흔들고, 꾸부정한 허리로
얼간이 행세를 한다

서방 따라 흔들어대는 엉덩이춤
얇은 저고리, 가슴이 훌렁훌렁
장삼을 덮어쓰고 다리를 꼬네

영국 여왕 생일잔치에
양반과 백정
다 같이 별신굿을 올리니
집시의 피가 흐른다

* 1999년 5월 하회마을에서 엘리자베스 영국 여왕님을 모시고

# 포토맥 강 벚꽃

바람에 휘날리는 꽃잎을 맞으며
벚꽃 만발한
포토맥 강을 따라간다

꽃보라 흩날리고
꽃잎은 백설 같이
강물에 쌓이네

여인의 치맛자락 흔들리니
가냘픈 허리 사이로
사랑의 노래 들린다

머리 위 태양을 이고
소시지를 입에 물고 가면서
지는 꽃을 찬미하네

세계적인 물리학자 김호길 박사와 함께
워싱턴 기념비를 향해 걷는다
링컨, 제퍼슨 기념관을 찾아다닌다

1974년 2월 17일

# 제3장 꿈꾸는 강

# 꿈꾸는 강

내 고향 도연폭포 아래
석양이 비치면
강물은 꿈을 꾸며 흐르고

강가 돌밭길 걸어가는데
그 옛날 아버지
나를 부르네

어릴 적 당신과 가던 길 멈춰
강물을 바라보니
明鏡止水

허전한 가슴속에
그리움이
가득하네

가슴에 패인 검은 흑점은
당신께서 남기고 간
꿈자리인가

하얗게 야윈 백로가
긴 울대를 높이 들고
창공을 바라보며 꿈꾸는 강에는

은어 알이 깨어나서
바다로 헤엄쳐 갈 날을
꿈꾸고 있네

청빈한 시인이
아들과 함께 낚시질하며
꿈꾸고 있네

* 陶淵 폭포

# 고향

봄바람은 버들가지에 불고
연꽃 위 새벽이슬은
구슬같이 구르네

이웃집 개가 짖으니
우리집 닭은 꼬끼오

온돌방에서 화로 끼고 앉았으니
포근한 기운이 요순시대일세

초동의 피리 소리가
이른 봄 들을 가로지르는데

석양에 낚싯대 들고
강물에 내려가니

고향의 이야기가
흐르고 있어요

# 고향길

산 넘고 물 건너
고향 가는 길

파아란 하늘 아래
하아얀 흰 구름

꿈길 속 그리던
할아버지 문안 길

아버지 어머니와 함께
돌밭 넘어가던 길

소나무 숲길에
호랑이 발자국 있던 길

# 귀향

농주 막 익을 적에
옛 고향 주막에 들러
아득한 시절 회포를 푸는데
폭포 소리 아스라이 들리네

대추나무엔 붉은 대추들
산 밑 밤나무에는 자주색 밤톨
초가집 지붕 위에는
누런 호박이 주렁주렁

짚신 삼던 토방에는
할아버지 안 계시고
안방 베틀 위엔
할머니 안 보이시네

산딸기 익어가는
정겨운 언덕길 돌아서
저 물길 건너서 오니
옛 친구, 옆집 분이한테 장가갔네

# 꿈결에

창가에 앉았다가
문득 잠이 들어

아련한 꿈속에서
고향집을 찾았네

사립문 열고 들어가니
텅 빈 집에 잡초만 무성하고

마당 가 대추나무 아래
국화꽃이 만발하네

## 내 고향 두메산골

내 고향은 낙동강 최상류 두메산골
여남은 가구 농사지으며
아침 안개, 저녁노을을 보며 산다

동네 앞들에는
오만 곡식 농사지으니
배 곪지는 않고

나무하러 올라가는 뒷산에는
조상님들 산소가 있으니
오며 가며 인사드리네

메밀꽃 피는 산골
아지랑이 피는 보리밭에
노고지리 둥지 틀고

폭포 아래에는, 찬란한 햇살이
은어 떼를 몰고 다니니
한가로이 낚시를 한다

물 맑고 공기 좋은 정자에서
조상들 유유자적 시 낭송하며
천수를 누렸어라

# 사발무지

낙동강 강변 외갓집에서
사발무지 하던 시절

사발에 된장 발라
모래 속에 묻고
온종일 피라미 떼 쫓으며
강물에서 논다

외사촌 형은
고기 잡는 솜씨가 재발라
한 소쿠리 가득
외숙모님께 드리면

저녁 된장국 속에서
헤엄쳐 올라온다

초등학교 시절 여름 방학
낙동강은 나에게 꿈이며 천국이다

# 仙刹

도연폭포를 휘둘러 가는 강가
깎아 세운 절벽 위에
신선이 놀던 절이 있었네

고려 말 선비가 벼슬을 그만두고
폭포소리 들으면서
독서하며 隱居 하던 곳

석가여래불에 예불 드리는
노승의 합장한 손이 파르르 떨고
소쩍새 소리에 촛불이 조네

산과 구름은 강물 위에 떠 있고
달빛 아래 풍경소리
강물 따라 천년이 지나갔네

지난날 고시 공부하려 했건만
강물 속에서 물고기 따라다니고
절벽 아래 학과 더불어 놀기만 했네

## 성묘

증조부 산소에는
가을풀이 우거졌고

황산제 위에는
하얀 구름 지나간다

옛날, 오랜 옛날에
증조부 계시던 기와집은
수몰되어 없어지고

여울목 위에는
고향집 감나무가
바싹 말라 서 있네

저기 저 나룻배는
옛 생각에 잠겨
소리 없이 흐르고

무덤가에 날아온
까막까치는

할아버지 그리워
맴돌고 있나

# 수박 서리

아랫동네 강가 언덕바지에
외로운 원두막, 새까만 밤중에
아주까리기름 불빛이 존다

윗동네 초동 따라
수박 서리 나왔는데
파란 반딧불만 왔다 갔다

하얀 수염 달린
원두막 노인은
헛기침만 하는데

수박덩이를 따는
용기가 나지 않아
가슴이 풍덩 풍덩

내 옛날의 영혼이
꿈에 떠올라
잠을 이루지 못하네

# 예천 회룡포

낙동강 칠백 리 돌아가는 회룡포
한반도 제일의 물돌이 마을

아홉 가구 오손도손
농사짓고 사네

들판에서 불어오는 소슬바람
물결 따라 돌아가는 저 구름

장안사 절벽 위 피어있는 야생초
신라 시대 향기 풍겨오는데

역사를 안고 휘돌아 가는 낙동강
옛 시절 새길수록 안타까워

물결 소용돌이 속
그리운 세월이 맴돌고 가네

2008년 9월 30일

# 臥龍草堂

깊은 산골 내 고향
폭포가 있는 동네에

우리 선조 표은 할배 정자가 있어
이른바 와룡초당이라 하네

할아버지 시 講讀 소리 들리고
자손들 시 낭송 따라 하네

초동들 고기 잡는 정경
평화롭게 보이고

흰 구름은 졸면서
하늘을 떠다니네

수양버들 사이로
청풍명월이 들락날락

아버지께서는 정자에서
여름 한 철 지내시고

나는 벌거숭이
한여름 비 맞으며

벼랑 낀 강물 위로
황새 따라 올라가네

# 임하댐

임하댐이 오염되어
둥근 달이 비치지 못하고
숲속 나뭇가지에 걸려있구나

밤을 새운 묵은 안개는
산 위로 올라
부슬부슬 빗방울 떨어진다

어리석은 관료들이 댐을 만들어
물길을 막으니, 황토물로 변하여
빛도 휘청거리며 떨어지고 있네

조상이 물려준 아름다운 고향산천
자손들은 지키지 못하고
뿔뿔이 헤어지니 가슴이 미어지네

# 장밋빛 인생

바람 타고 떠도는
뭉게구름 아래
메밀꽃 치마저고리에
소 몰고 다니던 산골 처녀

씩씩한 사나이 만나
파라과이로 이민 가서
모진 고생 이겨내고
아들 딸 놓고 살다가

자식 교육을 위해
미국으로 건너가
아이들이 대학 졸업한 후
며느리 사위 보고

손자, 손녀까지 보니
변화무상한 인생 旅程
노년엔 고향 땅에서
장밋빛 인생을 살고 있네

# 제4장 꽃과 별의 사랑

# 미혜는 파랑새

내 가슴속에 파랑새 한 마리
파아란 하늘을 바라보다가
가슴이 파랗게 물들었네

미혜야, 넌 영원한 나의 파랑새
파란 꿈을 안고 날아가며
사랑을 두고 홀로 떠나는 새

알버-타, 에드먼튼, 토론토, 오타와
동토의 땅 캐나다, 파아란 하늘 날며
외로움을 벗 삼아 개척자가 된 너

미혜는 온 가족의 미래이고 희망
파랑새는 환생하여
이국땅 병원 수술실에서
많은 생명을 구한 천사로다

기나긴 세월 후에 다시 날아와
처음처럼 멀리 날아가는 새
오늘도 너의 마음 헤아리면서
내 마음 한구석 비워두리라

# 가을 남자

숲길 따라 낙엽이 우수수
당신의 빈자리에 불타는 꿈길
국화꽃 영혼 안고 가을을 걷네

나무에 걸려있는 낮달은
달무리만 불그레하니
그 옛날 추억마저 희미하구나

낙엽은 작별을 고하고
가을 남자 외로이 걷는데
옛사랑은 꽃과 같아서 피었다 시드네

# 꽃과 별의 사랑

당신은 꽃
나는 별

별은 하늘 멀리서
꽃을 찾아다니고

꽃은 후미진 골짜기에서
별을 보고 꿈을 꾼다

꽃과 별 사이
전자파 사랑
은하수 건너 영원한 약속

거리가 너무 멀어
시간차 사랑을 하고 있네

꽃은 옛날의 별과 좋아하고 있고
별은 지금의 꽃을 애무하는데

별들의 사랑이 흘러내려
꽃을 피우고 있다

꽃과 별의 사랑, 우주 사랑은
시간과 공간을 초월하여

서로가 짝사랑을 하고 있어
그리움은 단지 만유인력 때문인가

## 사랑

사랑하는 사람은
정신과 육체가 건강하고

사랑할 일이 많은 사람은
항상 가슴이 퍼덕거린다

활동적이고 긍정적인 사람
행복한 사람

사랑이 없는 사람은
질병이 생겨

분노, 불관용, 비난은
스트레스와 산성이 쌓여

산성은 암을 생기게 하고
사랑과 용서는 엔도르핀이 돈다

나는 아내를 사랑한다
엔도르핀이 계속 나온다

## 누님을 애도합니다

우리 큰 누님, 권사님은
아흔셋 연세에
육 남매 남겨두고
하나님 앞으로 가셨습니다

당신에게 꽃 한 송이 바칩니다
나를 잊지 말아요

제가 싱가폴에서 은행 재직 시
환갑 기념으로 오셔서
추억을 남기시고 떠나신 후
30년 세월, 덧없는 인생이 흘렀어요

기도와 사랑으로 가득 찬
누님의 가슴은 언제나 나를
따뜻하게 안아주셨어요

영원 속에서
나를 지켜보는
누님의 눈동자
당신을 사랑합니다

# 내 손이 약손이야

그 옛날 어릴 적
배가 아프면

어머니 손은
내 배를 쓰다듬고

'내 손이 약손이야'
'내 손이 약손이야'

간절하게 비비면
손이 따뜻해지고

배가 데워지면
시원하게 낫는다

'내 손이 약손이야'
'내 손이 약손이야'

# 툼스톤Tombstone

애리조나 카우보이들이
결투를 하다가 죽은 후
멕시코 국경 툿손에 있는
Tombstone 마을에서
tombstone(墓石)을 세운다

1984년 8월, 서울신탁은행
싱가포르 사무소장 시절
예금 2,000만 불을 권유하고
그 기념으로 *tombstone을 만들었다

나는 아직도 그 tombstone을
신주처럼 모시고 있는데
세월이 흘러 나의 무덤 앞에
tombstone을 세울 때가 온 것 같구나

* Tombstone 용어 해설
1) 墓石 : 무덤 앞에 세우는 비석
2) 국제금융 시장에서 외화자금 조달 시 광고용으로 만든 플라스틱 제품

# 감자

언덕 위 비알진 밭에 꿈을 심고
탯줄에 영그는 씨앗

흰 감자는 내가 먹고
자줏빛 감자는 아지매가 먹는다

화롯불에 익혀 먹고
아궁이 불에 구워 먹고

외정 때 굶주린 시절
양식 삼아 겨우 먹는다

아지매 감자 깎는 기술은
세계에서 일등

감자밭 매는 호미 기술은
동네에서 아재가 제일

훗날, 감자밭 언덕배기에
큰 어매는 잠들고
그 밑에 아지매도 누웠네

# 곰보 冊床

가로세로 한 자 반도 안 되는 책상
아버지께서 손수 만들어
수많은 곰보 흔적이 그대로 남아있네

형님께서 쓰신 뒤 내가 물려받아
초중고 시절
공부로 씨름했다

이제 주인을 잃고
큰집 한 모퉁이에 버려져
용도 폐기물이 되었구나

너는 우리집 역사를 지키고 있어
너를 다시 보면 아버님 형님 생각나는데
세월은 일촌광음일 뿐이어라

# 고인이 된 시인에게

천국에 간 시인의 넋을 부르노라
지난날 함께 시집을 펴내면서
시 쓰기에 정열을 바치던 그대여

암에 걸린 아내를 위해
이 산 저 산 다니며
항암 성분 많다는 버섯을 따서
지성껏 헌신했다는 시인이여

엇그제
시 한 수 지어 보내고
당신의 시를 이제나저제나
기다리고 있었는데

창가에 스미는
붉은 황혼 따라
불타는 가슴 안고
먼 길 가셨네요

당신은 저승에서
시 낭송하시는지

안타깝게도 이승에서는
들리지 않네요

# 제5장 항아리

# 고독

태양을 잃어버린 꽃밭에서
가슴에는 언제나
눈물 흘리는 사람아

인간은 고독
사랑을 저버린 세상에서
살기 위해 걷고 또 걷고

물 위의 풀잎처럼
시간을 타고
세상을 외롭게 떠다닌다

끝없는 인간의 고뇌
사멸인가, 부활인가
기나긴 세월의 절벽이여

나의 고독은
날개를 펴고
들판으로 날아간다

# 고독한 만남

약속의 날에
그녀는 오지 않아
빈 테이블 앞에 놓고
허공만 바라본다

마음이 열리지 않아
하고 싶은 이야기가
입안에서 맴돌고

의자에 앉아 고독을 불러와
그림자도 없는 꿈속에서
추억을 하나씩 꺼내본다

홀로 와서 홀로 가는
고독한 만남도
고독한 이별도

지난날 그리움이
여운이 있어
마음속에 그대를 생각한다

에베레스트 산 꼭대기에 있는
외로운 사슴의 마음을 아는가
끝내 오지 않는 당신이여

# 방랑

어떤 인생은
계속 방랑만 하고 있다

뻔히 알고 있는
종착역을 향해서

정신없이 가고만 있다
거기서 떨어지는가

엄마의 차가운 성격과
기독교적 엄격함에 대한
반항과 저항이 나타나기 시작하고

결혼 후에도 세상을 돌아다니며
放浪癖은 끊어지지 않고 있어
결국 가정도 버리고 자식도 버린다

# 바둑

바둑은 우주의 운행원리
생각이 깊고 맑으면
신의 경지에 이른다

바둑은 신선놀음
별나라에서 돌 놓는 소리
천국에 가 닿는다

나무꾼이 구경하다
집에 돌아가는 것도
잊는다네

영토 분쟁 속에서
사상자가 속출하고
포로 교환 후 승패가 결정 난다

9살 아이가 30살 9단하고
맞대결하는 마당
무소불위의 세상

10단 승단 대회를 열어보면
인간 지능의 창작 기술은
알파고를 능가할 것인가

# 우리집 앞 시계탑

아파트 입구
우리집 앞 시계탑
파노라마 전망대

비바람 맞으며
세월을 보내고
미래를 꿈꾼다

해와 달이 밤낮으로
시계탑을 비추니
시간은 영원한데
인생은 유한하네

동네 주민들
우체부 아저씨
자장면 배달부
쉬지 않고 지나가고

이 집에 온 지 30년
아이들 사 남매 결혼하여

시계탑 밑으로
손자들이 걸어오네

젊은 사람은
늙어가고
늙은 사람
보이지 않네

## 죄와 벌

불량배들에게 휩쓸려
상가를 불태우고 사람을 죽인
젊은이를 생각하니 마음이 아프다

그는 사형수가 되어 몇 번이고 되뇐다
"사회는 나를 받아주지 않았다"
"다시는 나 같은 사람이 없기를 빈다"

고리 대금업자인 노파를 죽인
가난한 청년이 남긴 마지막 말은
"다시는 나 같은 사람이 없기를 빈다"

배가 고파 빵 한 조각을 훔친 죄
가난으로 죄를 짓는 인간
누가 그에게 돌을 던질 수 있나

벌을 받아야 하나
용서 받아야 하나
세상은 자꾸만 이상하게 돌아간다

# 周易

인륜이 무너지고
정치가 혼탁하면
국가 사회가 흔들린다

개인 욕심, 국가 욕심이 극에 달하면
인간이 멸망하고, 자연이 파괴된다
지구가 흔들리고, 우주 질서가 파괴된다

易은 恒變하는 우주의 운행원리
인간의 운수도 항상 변한다
정성을 다하면 인성도 좋아진다

주나라 천년은
왕도 정치가 바로 서서
백성들이 행복하게 살기 때문

盡人事 待天命은 천국으로 가는 길
무소불위의 세상이
64 占卦 속에 다 있다

# 항아리

창문 옆 탁자 위 수놓은 항아리
당신의 사랑을 담고 싶어라
나의 그리움을 채우고 싶어라

달빛으로 빚은 달 항아리
목마른 갈증이 있어
비 오는 하늘을 쳐다보네

비어있다는 것은
자유를 위해 하늘을 훨훨
날아갈 수 있는 모멘트

텅 비어있는 내 가슴속
푸른 영혼이
빈 항아리 속에 가득하네

외로움을 딛고 선 항아리
지나간 세월이
수북이 담겨 있네

# 제6장 허수아비

# 꽃 파는 여인

그랜드캐넌 협곡 위에서
꽃을 사세요, 꽃을 사세요
애타게 따라오는 인디언 여인

뿌리치고 가버린 매정한 남자
긴 세월 지난 후에도
너무나 후회되네

절벽 아래 까마득히
콜로라도 강이 흐르고
강변 위에는 인디언 동네

우체부 아저씨가 말 타고 내려간다
아저씨여, 그 아가씨에게 전해다오
그 꽃을 사겠다고

절벽 위 돌개바람에
긴 머리 아무렇게나 날려
들꽃으로 피고 지는

바람의 여인에게
내 말 전해다오
그 꽃을 사겠다고

## 허수아비

찢겨진 베적삼을 걸치고
들판에 서 있는 허수아비

십자가에 못 박혀
나신으로 서 있는 예수

밀짚모자 덮어쓰고
하루 종일 하늘을 보고 기도하며
참새들 쫓아내는 예수

낮에는 태양 아래
냇물 소리 듣고

밤에는 달빛 아래
외로움을 달랜다

저무는 인생의 들판에서
허수아비처럼

워이 워이
새들을 쫓는다

# 老子

옛날 춘추 전국 시대에
나라가 혼란하여

길을 가던 노인이
經世之案을 說破하니
이를 道라고 하였네

道는 법도 삼아 따를 수는 있어도
영원한 道인 것은 아니라

無爲自然
道可道也, 非恒道也

# 산은 날 보고

산은 날 보고
부처같이 살라 하고

물은 날 보고
겸손하게 살라 하네

바람은 날 보고
후회 없이 살라 하고

들꽃은 날 보고
고생 좀 하라 하네

나무는 날 보고
나무처럼 봉사하고

사람은 날 보고
욕심 없이 살라 하네

시인은 날 보고
시인답게 살라 하고

여행은 날 보고
여행하다 가라 하고

구름은 날 보고
구름 타고 천당 가라 하네

## 엄마와 아기

어느 따스한 봄날 오후
철쭉꽃이 만발한
서리풀 공원 숲속에서

벌, 나비들이 꽃 속에서
꿀을 빨아 먹으며
사랑하고 있네

그 옆에 한 젊은 엄마는
순백의 가슴 풀어
연분홍 속살을 보이고

갓난아기는
젖을 빨아 먹으며
서로가 스킨십을 하고 있다

먼 훗날 아기는
그 향기 못 잊어
엄마를 생각한다

옆에 있는 아빠도
너무나 행복해 보이고
내 젊음의 역사가
그들 속에 녹아있네

# 위대한 공존

인간은 서로가 공존하는 마당에서
어떻게 영향을 주고받는지
연구의 대상으로 시험할 수 있다

인간은 선의의 경쟁을 통해
선 순환적으로
공존할 수 있는데

탐욕과 질투, 분노를
하루, 한시도 벗지 못하니
어리석은 존재로다

지식인과 노동자
貧과 富
남과 북
민주주의와 공산주의
당쟁
평등과 불평등

이 문제들을 언제 다
해결할 수 있으려나

서로가 서로를
받아들이는 날
위대한 공존이 있으리라

# 인생

뉴욕 롱아일랜드 해변 실버타운에
1차 세계대전에 참전한
80세 러시아 노인이

가족들과 떨어져
미국에 건너와
연금으로 외롭게 살아간다

저 하늘 떠 있는
한 점 구름같이
점점 엷어지고 있는 생애

케네디 공항에서 떠오르는
비행기같이
순식간에 지나가네

주마등같은 인생길
가슴 벅차 할 말을 다 못 하네

그때 37세 젊은 청년은
지금 80세가 되었는데

그때 러시아 노인의 나이와 같으니

휩쓸어가는 모진 세월에
인간은 낙엽처럼 뒹굴고 가네

# 전세방

갓난애 업은 젊은 아낙네
그 옆엔 사내가 서 있다

전세방 구하러
복덕방에 와있다

아침 신문에
전셋값이 또 올랐다는데

서민들만 이 동네 저 동네
이사 다닌다

# 제7장 들풀

# 난

창가에서 호젓하게
파아란 향수 그리며
순결을 안고 있는 그대

향기 가득한 여인의 절개
청초한 모습으로
홀로 꿈을 꾸고 있네

엄동설한에 신비로 감추어진
고결하고 요염한 황금빛 여체
따뜻한 봄을 기다리고 있어라

별빛 쏟아지는 조용한 밤에
외로이 향기만 피우고
고독을 즐기는 정숙한 여인이여

그대 옆에서 숨결 고르니
사나이의 불씨가
번득번득 살아나누나

# 들풀

숲길 가 풀섶에
엎드려 있는 들풀

이슬 내리는 밤에도
생명은 질기다

가녀린 들풀에도
저절로 꽃피고

계곡 물소리 들으며
외로움을 견뎌낸다

달빛 아래
허공을 쳐다보고

그를 연모하며
가슴만 펄떡인다

# 상사화

서리풀 공원 숲길 가에
상사화 꽃대가 붉게 타니
꽃불인가

잎과 꽃이 만날 수 없어
짝사랑만 하다가
상사병에 걸렸네

초복 무더운 여름날
연분홍 얼굴에
꽃단장한 키다리는

너의 빈자리에 와
피 울음 울면서
고갯마루를 넘어가니

그 자리엔 빈터만 남고
매미만 하루 종일
슬프게 울고 있네

# 양귀비

따뜻한 봄날, 서울 대공원
흐드러지게 핀 양귀비꽃
아리따운 황제의 여인
사랑을 먹고 피었나

임의 품속에서
애교부리던 몸부림
이제는 누굴 위해
저리도 하늘거리나

눈부신 햇살 아래
바람에 흔들리며 아양을 떨어
가던 길 멈추고 사랑을 속삭이니
나는 갑자기 당나라 황제가 되었네

# 풀꽃

낮에는 햇볕으로 뿌리내리고
밤에는 총총한 별빛 아래
이슬을 먹고 산다

망초꽃도 이름이 있는데
풀꽃은 낮게 낮게 살다가
서럽게 서럽게 살아가는구나

꿋꿋이 살아가는 이름 없는 꽃
가녀린 꽃이지만
한 생애가 푸근해

길섶 바위틈에 초연히 피었다가
사랑을 먹지 못해 파르르 시들면서
부끄럼 없이 사라지고 마네

너는 장미같이 이름 있는 꽃도 아니고
목련같이 화려한 花冠도 없이
미련 없이 가는구나

너를 위해 입 맞춰 정을 뿌리고 가니
너, 다시 태어나 진홍색 풀꽃이 되어
고즈넉이 살려무나

# 관악산이 보이는 집

아파트 15층 펜트하우스
정남쪽으로 관악산이 보이고
대모산, 불곡산에 이어
청계산, 우면산이 둘렀네

창가에 서서 남쪽 하늘을 보면
창공은 한없이 높아지고
석양은 구름에 가득하네

눈 아래 늘어선 빌딩들이
낙조를 받아 분홍 회색으로
옷을 갈아입는데

오늘도 어제인 듯
해는 지고 늙은 몸만 남고
내 영혼은 석양 따라
관악산을 넘어가네

# 제8장 노인과 시 창작

## 노인과 시 창작

젊을 때 지식을 쌓고
많은 경험을 쌓아 놓으면
시 창작 소재가 다양하고

시상이 풍부하니
풍성한 노년을
의미 있게 살아가네

노년기에는
쌓인 지혜로 시를 지으니
삶이 거꾸로 젊어져 가네

# 두보와 대화를 한다

시인은 외로운 사람이다
답답한 심정을 털어놓을 상대가 없다

노스캐롤라이나에 있는 여류 시인과
시로서 교류하고 싶어도

다른 인연이라 만나기 쉽지 않으니
그래서 택한 게 옛날 시인이다

이백과 두보는 영원한 나의 사부님
당시 삼백 수를 읽으며 옛사람과 만나고

밤중에도 일어나 자유롭게 대화하니
시만 한 게 없네

杜詩의 운자에 맞추어 시를 지으며
두보와 대화를 나누니

병도 세월도 잠시 잊고
삶의 회포를 풀어내고 있네

# 詩 創作

시는 해변에서 금싸라기 찾는 일과 같고
精神一到 스스로 깨우쳐야 하는 것
예민한 관찰과 오묘한 思考作用에 의해

먼저, 사물을 보고 감흥을 이끌어 내어야 하며
자신의 생각을 他 사물을 비유해서 말하고
하고 싶은 말을 진솔하게 直言한다

詩 創作은 사물의 본질적 특징을 포착하는 데 있다
不立文字의 妙理가 시를 짓는 바탕이 되어야 하고
마음에서 우러나오는 바를 표현해야 참다운 시가 되리라

# 미래를 꿈꾼다

먼 훗날
알파고는 수백만 개의 詩句와
수십만 개의 詩題를
영어와 한글로 저장하고

한영, 영한 양방향으로 번역을 하며
시까지 창작할 수 있으니

지구상의 모든 인간들은
자유롭게 소통을 할 수 있다

양자강을 보고
당송 시대 시인을 생각하면
서정시가 절로 나오고

황하강을 보고
삼국시대를 상상하면
전쟁 서사시가 나온다

로봇이 태양 전지를 달고
무한한 시공간을 날아다니면서

지구상의 모든 詩를 찾아낸다

감정과 희로애락이
인간의 머릿속에 있고
가슴 속에서 샘솟아야 하니

4차 산업 시대가 열리어도
서러움과 그리움, 생명과 사랑이
인간의 내면에 녹아 있어야 하네

# 은하수 강물에 시를 띄우며

미국에 있는 여류 시인에게
은하수 강물에
시를 띄워 보낸다

당신도 시를 지어 보내니
우주는 넘실넘실
하얀 시로 가득

시를 주는 것은
시를 받는 것보다
행복하고

그리워 하는 것은
그리움을 받는 것보다
행복하여라

共鳴을 얻을 때까지
詩를 뿌린다
그리움을 뿌린다

# 일생

나는 무인생 범띠
해방과 건국을 맞이하고
6.25와 5.16을 지나

수출 입국을 이룩하기 위해
청춘을 불사르고
내 일생을 다 바쳤다

亂國 속에 열심히 살았지만
생업에 전념하다 보니
爲國獻身이 아직도 부족하네

세상은 너무 어지러워
갈팡질팡하니
내 몸을 가누기 힘들구나

머지않아 꿈속으로 가는데
후세에 부끄러워 참을 수 없네
絶命詩 남기고 죽어야 하나

# 책거리

당시 삼백 수를
책거리하고 나니
생각은 맑고

세월이 흘러 어느덧
귀밑털이 희끗희끗

詩想이 쌓여가니
天機가 스며드네

이미 늙어진 몸
벼슬과 名利에 얽매일 리 없어

그동안 쌓아온 성품으로
禪이 되었네

## 青春 謳歌

오늘도 내일도 시집을 읽고
나의 시상이 마르지 않는 한
나는 아직도 청춘입니다

더운 날씨에도 영감을 얻으려고
조용한 숲길을 나 홀로 걷고 있으니
나는 아직도 청춘입니다

매일 밤 잠들기 전
아직도 내일 숙제가 있는 한
나는 아직도 청춘입니다

노스캐롤라이나에 있는 여류 시인과
창작시를 주고받는 한
나는 아직도 청춘입니다

"황야의 결투" 영화를 보고
시 한 수 건진다고 이 밤을 지새우는 한
나는 아직도 청춘입니다

세 번째 시집을 내려고
밤을 낮 삼아 시를 쓰고 있는 한
나는 아직도 청춘입니다

시 창작을 위해 내 머리를 굴리고
영감의 파도를 타면서 정열이 솟고 있는 한
나는 아직도 청춘입니다

# 김시왕 시인 세 번째 시집에 대한 시평

**박정근**
•
대진대 교수, 윌더니스 문학 주간, 시인

I

김시왕 시인의 세 번째 시집 『꿈꾸는 강』의 출간을 진심으로 축하하며 그 의미를 새기고자 한다. 그는 나이가 지긋해서 시를 쓰기 시작하였지만, 시에 대한 열정이 남달리 뜨겁다. 시인은 이번 시집에서 자신의 삶과 시 쓰기가 어떤 관계를 가지고 있으며, 인생의 마지막 단계를 바라보는 노인으로서 왜 시를 쓰지 않으면 안 되는가의 담론을 시를 통해서 밝히고 있다고 본다. 그는 시인으로서 등단하는 객관적 평가에 의존하기보다 시인이라는 자신의 정체성의 발견과 자아실현에 의하여 삶의 풍요로움을 획득할 수 있음을 보여주고 있다.

김시왕 시인은 나이가 들었다는 것을 숨기기보다 자신의 장점이 될 수 있는 자질을 드러내고자 한다. 노년의 시인으로서 젊은 세대에 대해 당당히 발언할 수 있음을 밝히고 있다. 그는 청년에 비해서 체력과 정열은 부족할지 몰라도 지식과 경험이 축적되어 있는 준비된 존재이다. 그러므로 그것을 잘 활용한다면 젊은이들이 지니지 못한 다양한 시의 소재들을 무궁무진하게 개발할 수 있다는 것이다.

젊을 때 지식을 쌓고
많은 경험을 쌓아 놓으면
시 창작 소재가 다양하고

시상이 풍부하니
풍성한 노년을
의미 있게 살아가네

• 「노인과 시 창작」 부분

김시왕 시인은 「책거리」에서 시 쓰기를 통해서 삶의 지혜를 획득하게 되었음을 고백하고 있다. 그는 시 쓰기를 멈출 수 없으며 삶의 본질로 받아들이게 된다. 밤낮으로 시상을 떠올리려고 노력하고 그것이 축적되어감으로써 하늘의 뜻을 깨닫게 되는 것이다. 시 쓰기가 물질주의자들에게는 고역이지만 그 작업을 늙도록 즐기는 시인은 세속을 초탈하여 살아갈 수 있다. 시에 대한 시인의 필연성 인식은 단순한 정체성을 넘어서 인생의 의미를 결정하는 운명이나 숙명으로까지 발전하게 되었다고 볼 수 있다.

세월이 흘러 어느덧
귀밑털이 희끗희끗

詩想이 쌓여가니
天機가 스며드네

이미 늙어진 몸
벼슬과 名利에 얽매일 리 없어

그동안 쌓아온 성품으로
禪이 되었네

• 「책거리」 부분

김시왕 시인은 시 쓰기를 자신의 정체성으로 삼고 더 나아가서 운명으로 받아들인 후 그의 삶은 긍정적인 변화를 가져왔다고 토로한다. 그것은 시 쓰기가 육체적으로나 정신적으로 청춘의 활기를 불어넣어 주었다고 본다. 그는 항상 좋은 시를 읽으며 살 수 있는 특권이 부여된 존재가 되었다. 그리고 그는 단지 좋은 시를 읽고 수동적으로 이해하는 데 만족하지 않는다.

시인은 시 창작을 위한 환경과 분위기를 조성하기 위해서 시를 찾아 나서는 순례의 길에 나선다. 그 길은 산책일 수도 있고 조용한 곳에서의 명상일 수도 있다. 그 자신이 시를 창조하기 위해서 스스로 나선 순례의 길에서 간절히 원하는 것은 좋은 시를 쓰기 위한 영감을 획득하는 것이다. 그는 「靑春 謳歌」에서 시를 위한 영감이야말로 보물보다 귀중하다고 생각한다.

김시왕 시인은 시의 창작 과정에서 자신이 진정한 청춘이라고 일갈한다. 사회의 원로인 그는 시인의 정체성을 자신의 세계에만 몰두하지 않고 역사에 의한 가족적인 상처에 대해 관심을 기울인다. 그는 「실종 통지서」에서 한국전쟁의 후유증에 의한 가족의 아픔을 노래한다. 지난날 6.25는 민족적 비극으로 수많은 희생자를 낳았고, 가족의 해체를 초래하였다. 시인은 숙모의 가정에 닥친 실종의 문제를 다루고 있다. 그는 한국전쟁 중에 일어난 한 가정의 한을 마치 객관적인 서술자처럼 담담하게 묘사하고 있다.

전쟁 중 삼촌의 실종사건은 가족에게는 기나긴 세월의 아픔을 가져온다는 것을 서술하고 있다. 미망인은 결혼 직후에 벌어진 사건의 영향으로 평생을 독신으로 불행하게 살아야 했으며, 화자인 시인은 숙모의 비극을 안타까워한다.

## II

김시왕 시인은 자연에 대한 감수성과 사랑이 남다르다. 그는 꽃과 별을 의인화 기법으로 우주 사랑으로 발전시키고자 한다. 이것은 윤동주의 시에서 그러하듯이 시인의 상상력의 발로라고 볼 수 있다. 별빛의 파동을 물결로 환치하여 꽃이 핀다고 상상함으로써 이미지를 더욱 강력하게 느끼게 한다.

꽃은 옛날의 별과 좋아하고 있고
별은 지금의 꽃을 애무하는데

별들의 사랑이 흘러내려
꽃을 피우고 있다

• 「꽃과 별의 사랑」 부분

노년의 시인에게 가장 절실하게 다가오는 감정은 고향에 대한 향수이다. 사람은 누구나 마음속에 어린 시절 천진난만하고 자유롭게 뛰어놀았던 고향의 이미지를 간직하고 있다. 고향을 생각하면 언제나 그리움이 밀려오고 행복해진다.

메밀꽃 피는 산골
아지랑이 피는 보리밭에
노고지리 둥지 틀고

폭포 아래에는, 찬란한 햇살이
은어 떼를 몰고 다니니
한가로이 낚시를 한다

물 맑고 공기 좋은 정자에서
조상들 유유자적 시 낭송하며
천수를 누렸어라

• 「내 고향 두메산골」

고향은 세월이 흘러 노년이 된 시인의 현재 의식 속에 낙원으로 자리하고 있어 언제든 과거로 회귀하곤 한다. 몸은 떠나와 있지만 마음은 항상 고향을 향해 달려간다. 그는 「꿈꾸는 강」에서 "내 고향 도연폭포 아래/ 석양이 비치면/ 강물은 꿈을 꾸며 흐르고/ 강가 돌밭길 걸어가는데/ 그 옛날 아버지/ 나를 부르네"라고 노래한다.

도연폭포와 강물은 시공간을 초월하여 시인과 그의 아버지를 이어주는 불가시적 끈이다. 고향으로 가면 세월의 흐름으로 돌아가신 아버지에 대한 추억들이 여전히 그리움이 되어 존재하고 있음을 발견한다. 시인은 그 옛날 아버지의 존재를 찾기 위해 자신의 육신에 남겨진 유전적 유사점을 찾기도 한다. 그는 자신의 몸의 흑점이 마치 아버지의 유산이라도 되는 양 그에 대한 그리움의 대상으로서 가시적 존재로 상상하고자 하는 것이다. 그는 고향의 강을 '꿈꾸는 강'이라 호칭한다. 향수에 젖을 때마다 꿈속에 나타나기 때문이다.

하얗게 야윈 백로가
긴 울대를 높이 들고
창공을 바라보며 꿈꾸는 강에는

은어 알이 깨어나서
바다로 헤엄쳐 갈 날을
꿈꾸고 있네

청빈한 시인이
아들과 함께 낚시질하며
꿈꾸고 있네

• 「꿈꾸는 강」 부분

시인은 고향의 들판에 서 있는 허수아비에 대해 매우 독특한 시선을 보여준다. 곡식이 익어가는 계절이 다 가도록 참새를 막아내는 허수아비에게서 사랑과 헌신의 메시지를 읽어낸 시인은 십자가에 못 박힌 채 고난을 겪으신 예수를 연상한다. 여기서 필자는 시인에게서 시상의 참신성을 발견하고 미소를 지을 수 있다. 흔히 허수아비는 가을의 낭만이나 풍요의 상징으로 읽히곤 한다. 하지만 시인은 허수아비라는 동심적인 이미지로부터 구원의 신성의 의미를 읽어내고 있는 것이다. 또한 허수아비와 십자가의 예수 사이의 이미지의 긴밀한 연관성을 구축할 수 있는 사유의 깊이를 보여주고 있다고 볼 수 있다.

물론 시 쓰기에서 작품 속에 너무 인위적인 메시지를 담으려고 하는 것은 독자들을 거슬리게 할 수도 있다. 하지만 시란 단순한 언어유희나 감정놀음이 되어서는 안 된다. 그래서 신동엽은 시란 궁극적으로 종교성을 지니고 있어야 한다고 주장한 바 있다. 그렇다면 시인이 고향의 들판에서 너무도 흔하게 발견할 수 있는 허수아비를 그저 농부의 수고를 덜어주는 실용적 존재로만 인식하지 않고 초월적 수준으로 끌어올리는 노력은 높게 평가해야 할 것이다.

찢겨진 베적삼을 걸치고
들판에 서 있는 허수아비

십자가에 못 박혀
나신으로 서 있는 예수

밀짚모자 덮어쓰고
하루 종일 하늘을 보고 기도하며
참새들 쫓아내는 예수

• 「허수아비」 부분

김시왕 시인의 시 세계에서 중심적인 주제로서 흐르는 가치는 사랑으로, 특히 자연에 대한 지극한 사랑이 깊이 깔려있다. 시인이 고향에 대해 강한 향수를 지니고 있는 것도 유토피아적 삶을 향유하기 때문이다. 자연을 화폭에 옮기고 그 아름다움을 시어로 묘사하고자 한다.

시인은 인간의 희로애락을 자연의 이미지 속에 비유하여 자연을 통해서 삶의 의미를 찾고자 한다. 그는 서리풀 공원을 산책하다가 발견한 상사화를 보고 인간의 사랑에 비유한다. 특히 붉게 피어난 상사화가 잎이 지고 꽃을 피우는 현상을 보고 짝사랑하다 상사병에 걸린 연인에 비유한다. 시인은 「상사화」에서 짝사랑하는 인간의 감정을 이입하는 의인화를 차용한다. 그는 초복 무더운 여름날 매미의 울음소리를, 짝사랑하는 연인의 처절한 울음으로 환치시키고 있다.

초복 무더운 여름날
연분홍 얼굴에
꽃단장한 키다리는

너의 빈자리에 와
피 울음 울면서
고갯마루를 넘어가니

그 자리엔 빈터만 남고
매미만 하루 종일
슬프게 울고 있네

• 「상사화」 부분

김시왕 시인은 자연에 대한 사랑을 인간에 비유하여 그 아름다움을 재현하고자 하는 경향을 보이고 있다. 그는 집에서 재배하는 난의 이미지에 매료되며 상황에 따라서 변화하는 그것의 아름다움을 섬세하게 묘사한다. 그는 「난」에서 겨울에는 난을 마치 드러내기보다 신비롭게 감추어진 여체처럼 신비로운 이미지로서 "엄동설한에 신비로 감추어진/ 고결하고 요염한 황금빛 여체/ 따뜻한 봄을 기다리고 있어라"라고 찬양한다. 또한 별이 빛나는 밤에는 홀로 고독을 즐기는 여인의 이미지로서 "별빛 쏟아지는 조용한 밤에/ 외로이 향기만 피우고/ 고독을 즐기는 정숙한 여인이여"라고 노래하는 것이다. 결국 시인은 자연의 아름다움을 인간의 수려한 이미지에 비유함으로써 재현하고 있음을 발견할 수 있는 것이다.

## III

시인이 시의 소재를 획득할 수 있는 과정은 다양하지만, 아무래도 일상을 떠나서 색다른 이국적 분위기를 접하게 되는 여행은 시의 영감을 제공하는 보고이다. 김수영이 주장했듯이 시인은 항상 새로운 것을 추구해야 한다. 일상의 쳇바퀴 돌기 같은 삶은 새로움을 추구하는 시인에게 숨을 막히게 한다. 이런 경우 해외여행은 시인으로 하여금 새로운 인간과 사건을 만나게 하여 새로운 삶을 영유하게 한다. 많은 문인들이 적극적으로 여행에 나서는 이유도 여행을 통하여 시상을 넓히기 위해서이다.

김시왕 시인도 세계 여행을 자주 하면서 그에 대한 추억을 시에서 많이 다루고 있다. 미국 여행에서 자유의 여신상을 보고 자유와 희망을 염원하는 모습이나, 더 넓은 해변의 백사장에서 젊은 연인들이 사랑을 구가하는 모습 등은 미처 경험하지 못한 동양인의 시각에서 새로운 각성이나 정열을 불러일으킨다. 결국 그가 젊은 시절 감수성이 예민한 상황에서 각인된 인상과 이미지를 노년의 시점인 현재로 불러내어 시로 발전시키고자 하는 것이다.

동양인의 시각에서 스페인 탱고는 매우 격정적인 포즈나 이미지로 다가온다. 이러한 경험은 여행이 아니고서는 직접 마주치기 어렵다. 여행을 통해 일탈을 꿈꾸는 시인에게 열정적으로 탱고를 추는 댄서의 이미지는 무의식에 잠재되어 있는 에로틱한 에너지를 대리적으로 분출할 수 있는 기회를 제공한다. 시인은 탱고를 추는 남녀 댄서들의 율동으로부터 젊음, 자유, 사랑, 신성을 느낀다. 이러한 춤의 대리 체험의 기능은 시인으로 하여금 댄서들과 일체감을 느끼게 하고, 이 시를 읽는 독자들을 유사한 감정 이입으로 유도한다.

젊음의 춤
자유의 춤
사랑의 전율
신의 율동

탱고는 남녀 애환의 댄스
격동적인 포옹
내 가슴을 뒤흔든다

• 「탱고」 부분

「항아리」에서 항아리는 명상을 통해서 관찰한 사물을 철학적 사유로 발전시키는 오브제가 된다. 명상은 이미 일상의 잡다한 것들로부터 벗어나는 탈출이며, 우리의 삶을 세속적으로 만드는 사소한 것들을 옆으로 밀어내는 행위라고 볼 수 있다. 우리는 흔히 삶과 죽음이라는 본질적인 문제를 마치 자신의 본질이 아닌 것처럼 살아간다.

시인은 항아리를 관찰하면서 그 이미지를 통해 일상으로부터 탈출하여 자유를 즐기려는 모멘트로 삼고 "비어있다는 것은/ 자유를 위해 하늘을 훨훨/ 날아갈 수 있는 모멘트"라고 노래한다. 어쩌면 시인은 우연히 마주친 빈 항아리를 모든 욕망을 모두 내려놓은 노년의 마음에 비유했는지 모른다. 그래서 젊은 시절 욕망이 가득 찬 마음에는 영혼이 들어설 수 없지만, 비어있는 마음에는 빈 항아리처럼 "텅 비어있는 내 가슴속/ 푸른 영혼이/ 빈 항아리 속에 가득하네"라고 고백할 수 있다. 또한 비어있는 만큼 시인의 마음은 고독했으리라. 하지만 이제 세상을 관조할 수 있는 평정심이 자리하고 있으며 세상에 대한 욕망 대신에 축적된 지나간 세월의 자국들을 깊은 철학적 관점에서 바라볼 수 있다. 시인은 실존주의자로서 항아리에 대해 "외로움을 딛고 선 항아리/ 지나간 세월이/ 수북하게 담겨 있네"라고 노래함으로써 삶에 대한 그의 철학적 관점을 시에 옮겨놓을 수 있는 것이다.

삶을 실존적 관점에서 관조할 수 있는 시인으로서 그는 삶과 죽음의 경계선에 선다. 그는 마치 '죽느냐 사느냐, 그것이 문제로다'라는 철학적 명제를 앞에 두고 고뇌하는 햄릿처럼 죽음 이후의 문제를 사유한다. 그는 「고독」에서 인간이란 철저히 고독한 존재임을 인식한다. 인간은 살아가는 동안 반려자, 가족, 친구 등과 사랑이나 우정을 나누며 고독을 극복하고자 한다. 그럼에도 불구하고 인간은 죽음 앞에서 홀로 설 수밖에 없다. 어느 누구도 삶에서 죽음으로 가는 길목에서 헤어져야 하는 실존적 상황을 피할 수 없다. 김시왕 시인은 인간의 영혼이 죽음 이후에 어떻게 될 것인가에 대해 "끝없는 인간의 고뇌/ 사멸인가, 부활인가/ 기나긴 세월의 절벽이여"라고 번민한다. 하지만 그는 죽음 이후에 영혼의 부활을 통한 존재의 가능성을 믿고자 한다. 그래서 그는 "나의 고독은/ 날개를 펴고/ 들판으로 날아간다"라고 노래할 수 있다. 김시왕 시인은 시를 통해 철학의 세계로 지금 들어가고 있다. 앞으로 다가올 죽음은 필연적으로 피할 수 없지만, 그의 영혼은 생물학적 한계를 넘어서 영원 속에서 존재할 수 있다고 믿고자 하는 것이다.

# 꿈꾸는 강

발행일 • 2017년 6월 24일
지은이 • 김시왕
전 화 • 010-2252-6840 / 02-535-6840
이메일 • wangskim@naver.com
발행인 • 이성모 / 발행처 • 도서출판 동인 / 등록 • 제1-1599호
주소 • 서울시 종로구 혜화로3길 5 118호
전화 • (02) 765-7145, 55 / 팩스 • (02) 765-7165
E-mail • dongin60@chol.com

ISBN 978-89-5506-766-8
정가 10,000원